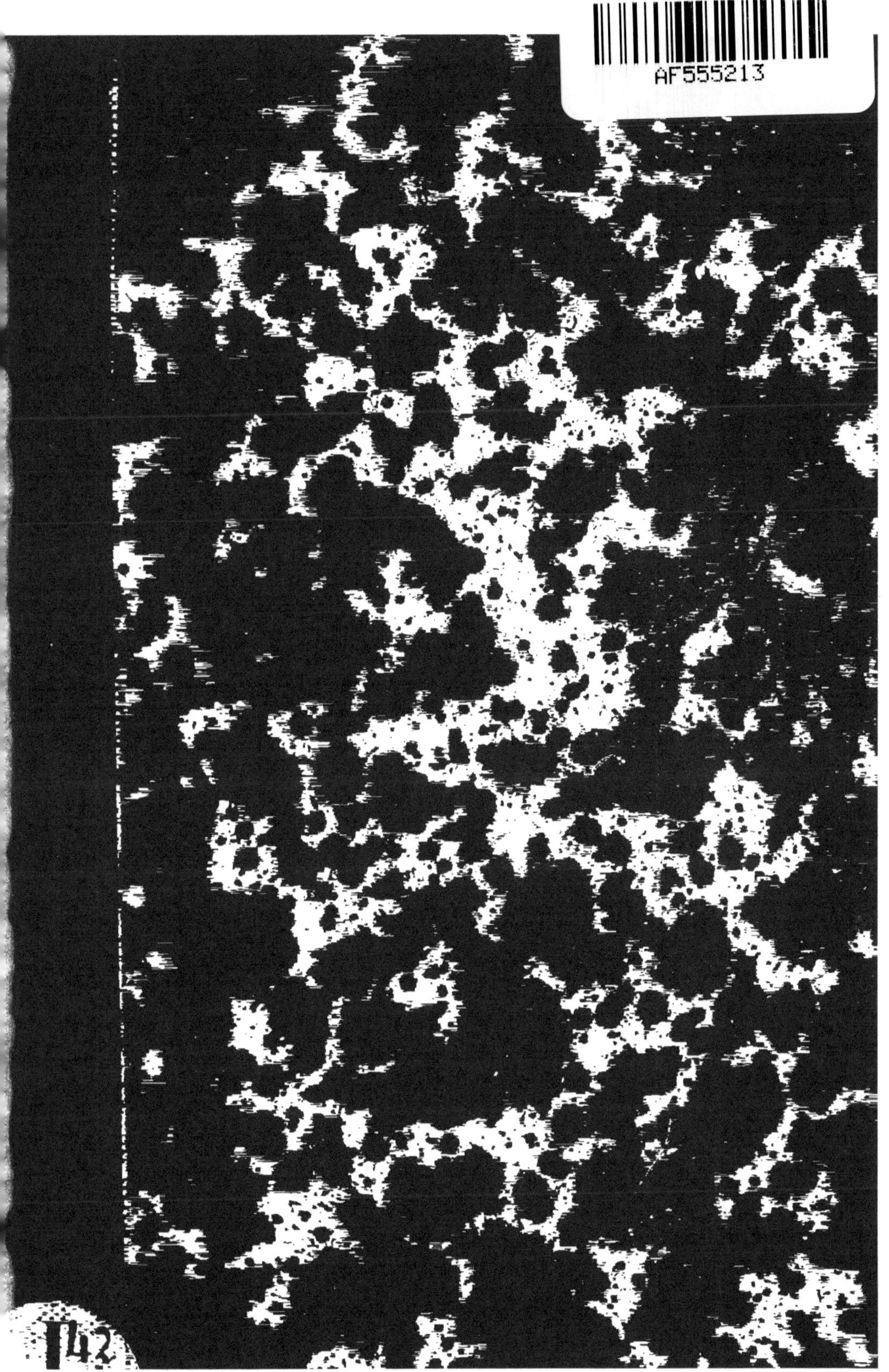

NOTES

SUR

QUELQUES PASSAGES

DU

MÉMOIRE DE RAMEL.

NOTES

SUR QUELQUES PASSAGES

DU MÉMOIRE DE RAMEL,

L'UN DES DÉPORTÉS A LA GUYANE,

APRÈS LE DIX-HUIT FRUCTIDOR;

OU

Relevé des faux qui se trouvent dans ce *Mémoire*; en ce qui concerne le citoyen Jeannet, ex-agent particulier du Directoire Exécutif, à Cayenne.

PARIS.

De l'Imprimerie de LARAN, rue Neuve-des-Petits-Champs, n°. 81.

AN VIII.

Il circule à Paris, depuis quelque tems, un *Mémoire* sous le nom de *Ramel, l'un des déportés à la Guyane, après le 18 fructidor*.

Cette brochure, annoncée pour l'ouvrage d'un témoin oculaire et passif, contient un si grand nombre de faux, qu'elle semble apocriphe (1). En même tems les imputations, dont on m'y charge, à force d'être odieuses, cessent d'être croyables.

Sous ces deux rapports, j'avais cru le *Mémoire* au-dessous d'une réponse.

Mes amis en ont jugé différemment. Ils ont pensé que mon silence pourrait être regardé comme un aveu; que je n'étais point assez connu de mes concitoyens pour négliger de me justifier

(1) Entr'autres faux matériels qui me font croire que le *Mémoire de Ramel* n'est pas de lui, je cite la description détaillée du *fort* de Sinnamary, où il n'y a pas de *fort*.

devant eux ; qu'agir ainsi serait peut-être me montrer trop peu jaloux de l'estime publique. Il m'ont pressé de rétablir les faits altérés ; je cède à leur invitation.

Je vais remplir une tâche désagréable, quoique facile. Je ne m'arrêterai pas à ce qui m'est étranger ; je ne combattrai ni les simples hypothèses, ni les conjectures gratuites : je ne m'attacherai qu'aux faits.

Attaqué par un furieux, je me bornerai à parer ses coups, sans chercher à lui en porter. Je respecterai le malheur de Ramel, jusque dans la personne de celui qui a pris son nom.

Une ligne accuse, a dit quelqu'un, *et un volume ne défend pas.*

Je suis accusé dans plus d'une ligne, et cependant je tâcherai de me défendre, sans faire un volume.

N. B. L'édition *du Mémoire de Ramel*, sur laquelle j'ai fait mes notes, est *la seconde, petit in-*12, *chez Giguet et* *compagnie*. C'est celle où je suis le plus calomnié.

Dans le cours de ces notes, j'aurai à citer les noms de différentes personnes avec qui j'ai eu des relations. Je leur en demande pardon d'avance. L'obligation où je suis de me justifier, me servira d'excuse auprès d'elles.

NOTES

SUR QUELQUES PASSAGES

DU MÉMOIRE DE RAMEL,

L'UN DES DÉPORTÉS A LA GUYANE,

APRÈS LE DIX-HUIT FRUCTIDOR.

C'EST vers la page 81 de son mémoire, que Ramel commence à parler de moi (1).

Et s'il flatte d'abord mon portrait, il ne le flatte pas long-tems.

Je ne suis point *le neveu de Danton*, je suis son cousin. J'étais l'ami de sa personne, je reste l'ami de sa mémoire.

Comme Danton, j'appartiens effectivement tout entier à une *faction redoutable*, très redoutable, celle des républicains.

---

(1) Je répète que je n'entends point par Ramel le déporté de ce nom, mais l'auteur du Mémoire.

J'ai servi cette faction de tout mon pouvoir ; d'abord, à Arcis-sur-Aube, mon pays natal, en qualité de maire; puis en qualité de commissaire du conseil exécutif provisoire à Thionville, pendant le siége; ensuite comme commissaire de la convention nationale, dans la Guyane française ; enfin comme agent particulier du directoire exécutif, dans cette même colonie.

Le gouvernement m'aurait-il envoyé une seconde fois à Cayenne, si, dans ma première mission, j'eusse, comme l'avance Ramel, abandonné ce pays, pour me dispenser d'y proclamer la liberté des noirs?

Le décret qui déclare les noirs libres me fut remis à Cayenne le 15 ou le 16 prairial de l'an 3, et le lendemain à 7 heures du matin il était promulgué au chef-lieu, et adressé à tous les cantons.

Ce ne fut que cinq mois au moins après la publication et l'exécution de ce décret, que ma mission étant terminée, et n'ayant point de bâtimens de guerre pour retourner en France, je me rendis, sous pavillon américain, aux États-Unis. J'avais prévenu de mon départ, bien à l'avance, les commissaires de la marine et des colonies ; et dès que je fus arrivé à Philadelphie, je demandai au ministre de la république une frégate, pour me porter en Europe avec mes papiers, ce que j'obtins.

Ramel remarque que je ne rentrai en France qu'après le 9 thermidor. Je le crois bien, puisque le 9 thermidor est antérieur de plus de quatre mois à mon départ de Cayenne (1).

Mon retour dans la Guyane, en qualité d'agent du directoire ne fut signalé par la découverte d'aucune conspiration.

Le mouvement dont parle Ramel, et dont je n'ai jamais connu les vrais instigateurs, avait éclaté et avait été réprimé plus d'un mois avant que je revînsse à Cayenne.

Comme je n'avais point été tenté de fuir de cet île, à la réception du décret du 16 pluviôse de l'an 2 ; je ne fus pas non plus sur le point d'en sortir à la nouvelle du 18 fructidor.

Le bruit de cette journée était en effet parvenu dans la colonie quelques tems avant les détails officiels, mais bien confusément.

Il ne fut point mis d'embargo sur le bâtiment neutre porteur de ces avis. L'époque de son arrivée touchait presque au 27 vendémiaire de l'an 6, terme de mes pouvoirs, qui ne m'a-

(1) J'en suis parti le 4 frimaire de l'an 3.

vaient été donnés que pour dix-huit mois (1).

Mes pouvoirs cessant ; je déclarai que je cessais mes fonctions (2), et j'écrivis au ministre de la marine et des colonies : que j'attendais avec ses ordres, soit un successeur, soit de nouveaux pouvoirs.

Antérieurement à cette déclaration, que j'avais annoncée à l'avance, plusieurs habitans m'avaient engagé non pas à rester parmi eux, puisqu'il ne s'agissait pas de les quitter, mais à y rester comme agent.

Je reviendrai plus bas sur les attaques qui me sont purement personnelles, et je passe à ce qui concerne les déportés.

Arrivée des Déportés en rade de Cayenne, leur séjour dans l'île.

Les déportés, en descendant à terre, le 22

---

(1) Art. IV de l'arrêté du directoire exécutif, du 6 pluviôse an 4. « La mission des agens particuliers durera un an et demi, dans les colonies occidentales; à moins que des circonstances particulières ne mettent le directoire dans le cas de les rappeler avant ce terme ».

(2) Art. XIX de la déclaration des droits : « Nul ne peut, sans une délégation légale, exercer aucune autorité, ni remplir aucune fonction publique ».

brumaire de l'an 6, furent directement conduits à la maison nationale de l'agence, où je les attendais, pour en faire l'appel et la reconnaissance.

A la vue de ces hommes, dont quelques-uns avaient rendu à la république de grands services, je fus ému sans doute, mais je ne versai point de larmes. Je leur adressai quelques paroles consolantes, et non pas le discours que l'on met dans ma bouche, et qui est altéré à chaque ligne.

Tout était préparé à l'hôpital militaire pour recevoir provisoirement les déportés ; je les y fis installer de suite.

Le lendemain, 23 brumaire, Tronçon, au nom de ses compagnons, réclama contre la consigne, qui leur interdisait de communiquer avec les citoyens et les militaires.

Cette consigne n'était pourtant point nouvelle; elle avait été observée, pendant toute la marche des déportés, du rivage à la maison nationale, et de la maison nationale à l'hôpital.

Enfin elle était conforme aux ordres que le commandant en chef avait reçus de moi, dès le 21.

Ces ordres, n'avais-je pas dû les donner, et n'y aurait-il pas eu la plus grande imprudence à les révoquer?

Plus les déportés étaient ulcérés, plus leur situation pouvait exciter d'intérêt, et plus je devais prendre garde que cet intérêt ne devînt dangereux; que par leurs discours, ils n'indisposassent, contre le gouvernement, les soldats et les noirs, etc.

Je fis répondre sur-le-champ aux déportés, par l'intermédiaire du commandant en chef: « Que la liberté qu'ils réclamaient, ne pouvait » leur être accordée, mais qu'ils auraient celle » de se promener dans la savanne, depuis six » heures du matin jusqu'à huit heures, et de- » puis quatre heures et demie du soir jusqu'à » six ». Ce sont à-peu-près les seules heures du jour où l'on puisse se promener à Cayenne. Je fis ajouter : « que la promenade serait interdite » à celui d'entr'eux qui communiquerait avec » un citoyen ou avec un militaire ».

Toutefois le commandant fut autorisé, dès le lendemain « à désigner et à faire admettre, » auprès des déportés, les officiers de santé et » les ouvriers, dont les services leur seraient » nécessaires ».

Et, pendant les trois derniers jours qu'ils restèrent à l'hôpital, ils eurent la faculté d'y voir « Tous les négocians et autres citoyens, » avec qui ils demandèrent à traiter pour leurs

» affaires particulières ». Les ordres, à cet égard, sont du 24 brumaire et du 5 frimaire.

Ce que dit l'auteur du Mémoire, des déclamations du capitaine de la Vaillante, contre les déportés, des réponses que j'y fis etc., n'est pas plus fondé, que la fureur qu'il prête à cet officier contre moi.

Je n'avais pris, avec le capitaine Laporte, aucune précaution outrageante, et pourquoi en aurais-je pris ? Il n'eut pas besoin d'insister pour me voir. Il descendit à terre, quand il le voulut; et ce ne fut, ainsi qu'il le devait, qu'après le débarquement des déportés.

Le capitaine de frégate Malvin, qu'on prétend m'avoir circonvenu, n'était pas même à Cayenne alors. Il était en croisière sur une corvette qu'il commandait; et le C. Mauduit, secrétaire de l'agence, que l'auteur accuse du même fait, est bien loin, par son caractère, de toute espèce d'instigation.

J'invitai le capitaine Laporte à dîner; c'est tout ce qu'il y a de vrai, dans les détails qu'on donne sur ce repas. J'avais lu mes dépêches, dès le 21 à neuf heures du matin. Comme elles étaient *pour moi seul*, je les avais lues seul, et dans mon cabinet. Je ne les relus point à table.

Au reste, le capitaine Laporte ne me remit aucunes nouvelles dépêches. Il m'exhiba ses instructions et voilà tout. On parle d'une lettre particulière du citoyen Rewbell, à mon adresse. On atteste que trois personnes de Cayenne l'ont lue. Si cela est, elles l'avaient donc interceptée ; car j'affirme, moi, n'en avoir jamais reçu aucune de ce citoyen ; et si j'eusse été en correspondance avec le citoyen Rewbell, quand il était directeur, je ne prendrais pas pour le nier, le moment où il n'est plus en place.

Le 3 ou 4 frimaire, le commandant notifia aux déportés qu'ils partiraient très incessamment pour Sinnamary, destination conforme aux ordres du gouvernement.

L'ordre de départ exceptait formellement « ceux que les officiers de santé déclareraient » hors d'état de soutenir le voyage ».

Un des déportés resta à Cayenne, en vertu de cette clause ; ce fut Laville-Heurnois. Il dépendait des officiers de santé, d'y faire rester de même le vieillard Murinais.

L'embarquement pour Sinnamary n'eut lieu que le 6 frimaire, ou 26 novembre, (et non le 22 novembre), quinze jours après l'entrée des déportés à l'hôpital de Cayenne, où tous les soins possibles leur avaient été prodigués.

Translation et séjour des déportés à Synnamary.

Je ne me rappelle pas précisément quelle était la force du détachement chargé d'escorter les déportés ; mais je suis certain qu'il leur était au moins égal, en nombre.

On débarqua à Sinnamary, 24 heures après la sortie de Cayenne.

Le commandant de Synnamary était un des officiers du 53me régiment. Son nom est Drelinger. Ramel prétend, que quand on lui remit les *condamnés à la déportation*, ce militaire répondit : « Condamnés, dites-vous, » Ces messieurs n'ont pas été jugés ; c'est » une infamie que de les avoir envoyés ici ». *Ce seul mot et son accent honnête*, ajoute Ramel, *lui coûtèrent son état ; il fut cassé peu de tems après et chassé de la colonie.*

Je suis moralement sûr que Drelinger n'a point tenu le propos qu'on lui attribue, voici du moins la première fois que j'en entends parler. Quant à *son accent*, il était Allemand et ne lui coûta pas son état. Drelinger, à mon départ, était encore dans la colonie avec son grade.

Je ne discuterai point, article par article,

la description que fait Ramel du fort de Sinnamary.

Je me contenterai de dire que ce fort n'existe pas ; que toute l'artillerie du poste consiste, en trois ou quatre pierriers et en une petite batterie de pièces de quatre placée à une demi-lieue du bourg, pour la protection des embarcations.

La garnison de 80 *hommes* est encore de la création de l'auteur. Pendant tout mon séjour, dans la Guyanne, le détachement de Sinnamary n'a jamais été seulement de 30 hommes.

Pour loger les déportés, on déplaça le commandant et la garde du poste, qui furent établis ailleurs beaucoup moins commodément. L'ordre est du 24 brumaire.

La désignation des bâtimens, (les meilleurs du bourg), avait été faite par le capitaine du génie, Chapel, et par le citoyen Mentelle, ingénieur-géographe.

Billaud-Varennes n'en occupait aucune partie. Les distributions furent dirigées, sur les lieux, par le citoyen Prévot, lieutenant du génie. Voici quelques-unes des dispositions relatives à l'installation des déportés.

4 Frimaire an 6. « Si quelques-uns des dé-

» portés témoignent le desir d'être rapprochés » les uns des autres, dans le bâtiment qui » leur a été préparé, le commissaire des guerres » leur accordera leurs demandes ».

» Dans les cas, où un ou plusieurs déportés » souhaiteraient, pour plus grande aisance, » louer à leurs frais des appartemens, ou des » maisons particulières, il y consentira, pour- » vu que ces logemens soient compris dans le » bourg de Sinnamary et non ailleurs ».

Plusieurs déportés usèrent de cette faculté, entr'autres Pichegru, qui acheta dans le village, une petite case.

» Le commandant, dit Ramel, fit donner » un hamac à chacun de nous. Il n'y avait » dans les cases, ni lits, ni tables, ni chaises, » aucun meuble, aucun ustencile ».

Ce dont je puis répondre, c'est que, dès le 24 brumaire, « j'avais chargé l'ordonnateur » de tenir prêts, sous 10 jours, la quantité » de meubles et effets strictement nécessaires, » pour chaque déporté ». Un autre ordre du 4 frimaire portait : « Que 30 heures au moins » avant le départ des déportés, il serait ex- » pédié, pour Sinnamary, une embarcation, » chargée d'effets, à l'adresse du garde-ma- » gasin, avec ordre à cet employé de les

» leur distribuer et de se procurer, pour le » moment de leur arrivée, les provisions et » les servans nécessaires ».

Et l'une des choses, recommandées, par mes instructions, en date du 4 frimaire, au commissaire des guerres, chargé d'installer les déportés à Sinnamary, était : « d'avoir soin » que les effets envoyés pour eux, au garde-» magasin, leur fussent également distribués, » et de leur en faire donner reçu ».

Ces reçus ont été joints aux états de dépenses des déportés.

Ramel continue : « Nous avions pour toute » nourriture une ration de biscuit, une livre » de viande salée, et un verre de Rhum, pour » corriger l'eau qui est très mauvaise. On nous » donna quelquefois du pain, que nous ne » pouvions manger, parce qu'il était rempli » de vers et de fourmis, et l'on nous fit enfin » distribuer, quelques rations de vin, qui s'é-» tait aigri dans les magasins ».

Je déclare, qu'en conformité des ordres du gouvernement, les déportés, depuis leur sortie de l'hôpital de Cayenne, ont reçu constamment la ration de mer ; que cette ration consistait en pain, viande salée, légumes secs et vin ; que j'y ai fait ajouter, dans le commencement, du vinaigre. Je fis plus. Vers le 26 frimaire, j'autorisai l'ordonnateur à allouer aux déportés quatre rations de mer par jour, pour les quatre Indiens, qu'ils employeraient à chasser et à pêcher pour eux.

» J'ose assurer au ministre, écrivais-je à cette » occasion, le 11 nivôse suivant, qu'en con- » sidérant la multitude de privations qu'éprou- » vent presque subitement les déportés, il eût » été bien difficile de refuser à l'humanité, » ce faible dédommagement, demandé avec » instance ».

S'il y avait eu dans les magasins, des articles avariés, on ne les y eût pas gardés ; on ne les eût pas sur-tout distribués aux déportés, de la part de qui il ne m'est jamais revenu de plaintes, ni sur la qualité ni sur la quantité de leur nourriture.

— Mais les déportés n'étaient-ils pas prisonniers à Sinnamary ? — Non, sans doute. — N'y étaient-ils pas soumis à deux appels par jour, l'un à neuf heures du matin, l'autre à quatre heures après midi ? — Pas du tout.

Pour apprécier, à leur juste valeur, toutes ces assertions sur la captivité des déportés, sur les appels, etc., etc., il faut jeter les yeux sur la pièce qui suit :

Extrait des instructions données au commissaire des guerres Boucher, chargé de l'installation des déportés à Sinnamary.

« Le citoyen Boucher déclarera à tous les
» déportés réunis :

» Que leur séjour, à Sinnamary, quoique
» conforme aux intentions du Gouvernement,
» n'est cependant que provisoire.

» Que pendant tout le temps de ce séjour,
» ils ne devront jamais dépasser, au nord,
» la mer, vers l'est, la rive gauche de Kou-
» rou (1), vers le sud, la distance de deux
» journées et demie de marche ou de cano-
» tage, et vers l'ouest, la rive droite de l'Ira-
» coubo (2), qu'ils auront néanmoins la fa-
» culté de passer à leurs frais, vers son em-
» bouchure, seulement, pour communiquer
» avec le bourg français et le village indien
» du même nom que cette rivière ;

---

(1) L'embouchure de la rivière de Kourou est distante de celle de la rivière de Sinnamary de quatre myriamètres et demi environ.

(2) L'embouchure de la rivière d'Iracoubo est distante de l'embouchure de la rivière de Sinnamary d'environ trois myriamètres et un quart.

» Que leurs excursions devront toujours » être réglées de manière, à ce qu'ils se trou- » vent tous les quintidis et décadis, depuis dix » heures, jusqu'à onze du matin, dans leurs » logemens respectifs, pour y recevoir la » visite du commandant du poste, chargé » de transmettre leurs mouvemens ;

» Que, pour leur propre sûreté, ils devront » prendre garde à ne pas s'éloigner sans guides ;

» Qu'il sera fourni à chacun d'eux, par » le garde-magasin du poste, une ration de » mer, jusqu'à nouvel ordre ;

» Que l'ordonnateur continuera à leur avan- » cer, sur leurs demandes, les vêtemens né- » cessaires ;

» Qu'en cas de maladie, ils seront traités, » par le chirurgien du poste, soit à l'hôpital » militaire, soit chez eux, et dans ce dernier » cas, à leurs propres frais ;

» Qu'il ne leur sera accordé, par la Répu- » blique d'outils aratoires, instrumens de » pêche et de chasse, etc., qu'au moment » où ils seront mis en possession du local, » qui leur est définitivement destiné (1) ;

(1) Par arrêté du 26 frimaire suivant, j'autorisai les commandant en chef et ordonnateur « à faire

» Que, pour se procurer, dès ce moment,
» ces objets, s'ils les desirent, ainsi que tous
» autres mentionnés plus haut, ils devront
» s'adresser directement au commerce;

» Qu'à l'égard de leurs correspondances,
» tant avec le chef-lieu, qu'au dehors, ils
» pourront déposer leurs lettres cachetées,
» chez le commandant du poste, sous telle
» enveloppe qu'ils jugeront convenable, et
» qu'elles seront acheminées.

» Le citoyen Boucher est autorisé à don-
» ner lecture aux déportés des articles ci-
» dessus, et même à en fournir des copies à
» ceux d'entr'eux qui le demanderaient ».

» J'étais, ainsi que plusieurs autres, pour-
» suit Ramel, entièrement dépourvu de linge et
» d'argent. Jeannet nous envoya quelques che-
» mises et mouchoirs, pris dans les magasins
» destinés aux fournitures des Nègres ».

La vérité est que tous les objets d'habillement, fournis aux déportés, ont été confectionnés à neuf, sur les mesures qui leur avaient été prises avant leur départ pour Sinnamary.

» délivrer à chaque déporté un fusil et des muni-
» tions pour la chasse ».

Il est encore positif, qu'à l'époque du 30 floréal an 6, les dépenses des déportés, s'élevaient à 22,022 francs 5 centimes, et que, le 10 prairial suivant, je fis mettre à la disposition de cinq d'entr'eux, qui avaient reçu depuis leur arrivée, moins de 600 liv. tournois, en articles du magasin de la République, (et plusieurs déportés avaient eu bien davantage), une somme de 821 francs 15 centimes, pour leur être répartie, au prorata de ce que chacun avait touché.

Maintenant veut-on achever de connaître le régime des déportés, sous tous les rapports? Il suffira de lire mes instructions au commandant du poste de Sinnamary.

4 Frimaire an 6. « L'officier commandant » le poste de Sinnamary se regardera comme » spécialement chargé de veiller à ce que les » déportés ne fassent aucune trame, soit contre » l'ordre établi, soit pour s'évader.

» Il défendra, sous peine de prison, à tout » militaire du poste, et même à tout militaire » étranger au poste, passant à Sinnamary, de » communiquer avec les déportés.

» Sans empêcher les déportés de commu- » niquer avec les citoyens de toutes couleurs » et avec les Indiens, il aura l'œil à ce que ces

» rapprochemens ne cachent aucun complot
» d'évasion.

» Il fera soigneusement visiter toutes em-
» barcations, montant ou descendant la ri-
» vière, au-dessus du poste, pour s'assurer
» si elles ne recèlent pas des étrangers sans
» permis, ou des déportés, qui tenteraient de
» s'échapper.

» Tous les quintidis et décadis, entre 10 et
» 11 heures du matin, il se transportera au
» logement de chaque déporté, qui devra s'y
» trouver pour recevoir sa visite, et il enverra
» tous les cinq jours leurs mouvemens, tant
» à l'agent du directoire, qu'au commandant
» en chef.

» Il empêchera qu'ils ne soient ni insultés,
» ni molestés.

» Il ne communiquera, avec eux, que dans
» le cas de nécessité.

» Il les traitera toujours avec égards, mais
» avec réserve ».

Sont-ce-là des raffinemens de barbarie ?

Ramel se plaint d'une foule de vexations de la part du commandant Aimé, « Jeannet ne
» pouvait, dit-il, choisir un plus barbare
» geolier ».

D'abord ce n'est pas moi qui nommais les

commandans subalternes. C'est le commandant en chef (1).

Placé à 30 lieues des déportés, quels moyens avais-je dû prendre pour m'assurer qu'ils ne seraient ni vexés, ni lézés par les intermédiaires? J'avais dû faire concourir à l'exécution des dispositions qui les concernaient, plusieurs agens, afin de vérifier les rapports des uns par les rapports des autres; ne donner à ces agens que des ordres humains et précis; faire connaître aux déportés eux-mêmes, le résultat de tous ces ordres, afin qu'ils sussent toujours si la conduite qu'on tenait avec eux était celle qu'on devait tenir.

C'est ainsi, qu'après avoir remis au commandant en chef, à l'ordonnateur, au commissaire des guerres, au lieutenant du génie, Prévost, et au commandant du poste de Sinnamary, des instructions, soit pour l'installation, soit pour le régime des déportés, j'avais fait donner à ceux-ci lecture et copie du sommaire de ces différens ordres.

Or, si ces ordres avaient été aussi indigne-

(1) Le citoyen Desvieux. Ramel en dit beaucoup de mal, pour moi je ne lui ai jamais connu que des mœurs très douces.

ment violés que Ramel l'assure, comment n'en aurais-je pas été aussitôt informé, soit par les déportés eux-mêmes, soit par les citoyens de Sinnamary, soit enfin par ceux de Cayenne, avec quelques-uns desquels plusieurs des ex-députés entretenaient une continuelle correspondance?

Je n'en ai pourtant jamais rien su.

Si le commandant Aimé, ou tout autre, se fût en effet permis (ce que je suis loin de croire) (1) d'abuser de son autorité, au point de faire mettre aux fers un des déportés confiés à sa surveillance, je l'eusse à l'instant fait arrêter, et juger, comme prévenu de violences arbitraires.

Ramel me reproche de n'avoir point fait transporter à Cayenne Willot et Tronçon ma-

(1) Je n'ajoute foi à aucune des imputations de Ramel contre le commandant Aimé.

Les lâchetés dont il l'accuse ne se concilient pas avec la bravoure dont cet officier a fait preuve. C'est lui qui commandait le détachement du 53me. régiment, en garnison à bord de la Bayonnaise, lorsque cette corvette, attaquée par une frégate anglaise, de 44 canons (l'Embuscade), la prit à l'abordage. La conduite du lieutenant Aimé, dans cette affaire, lui a valu le grade de chef de bataillon.

lades. Il est vrai, j'avais accordé cette satisfaction à Barthélemy, j'avais consenti à ce qu'on l'accordât à Murinais, qui n'était déjà plus quand la goëlette destinée à le ramener, arriva. Mais je ne l'avais pas dû, parce que, je le répète, Cayenne était excepté du lieu de déportation. Ce n'est donc point par inhumanité, que je ne me suis point rendu aux voeux de Willot et de Tronçon, c'est par devoir.

Jamais, depuis leur sortie de Cayenne, je n'ai interdit les relations entre les déportés et les citoyens.

Jamais je n'ai ouvert aucune lettre d'eux ou à eux, que le jour où l'on m'apprit l'évasion de huit de leurs compagnons, et les lettres décachetées furent sur-le-champ envoyées à leur adresse. J'ai été, au contraire, très attentif a faire passer en France tous les paquets que les déportés m'ont confiés, et à leur transmettre tous ceux que j'ai reçus pour eux (1).

(1) Ramel parle d'un aviso chargé des dépêches de toute la colonie, sur lequel je fis tirer à boulet, au moment où il appareillait pour la France, et cela dans le dessein de m'emparer de toutes les lettres. — Ce fait est de toute fausseté. Je n'y vois même pas la plus légère apparence de fondement.

» Jeannet, dit Râmel, fit à la fin de février » une proclamation par laquelle il dénonçait » aux nègres les déportés de Sinnamary, » comme des royalistes, qui, avant le 18 fructidor, voulaient les ramener à l'esclavage, » Il terminait sa proclamation en nous dé» vouant à leurs poignards ».

L'acte dont il s'agit n'est point une proclamation. C'est une circulaire, en date du 20 ventôse an 6, aux administrateurs du département, maires, juges de paix, inspecteurs et chefs des établissemens de culture ou propriétaires.

Elle avait pour objet de relever les infractions faites à mon arrêté du 1er. messidor an 4, concernant la culture, d'en montrer le véritable esprit, de retracer l'historique de ses effets et l'influence qu'avaient eu sur son exécution, les nouvelles extérieures; enfin, de persuader aux propriétaires qu'ils avaient le plus sérieux intérêt à la stricte observation de ce réglement.

Cette pièce a été imprimée et n'a point été *publiée*. Les mots de royalistes et de déportés ne s'y trouvent même pas; et pas un noir peut-être n'en a eu connaissance.

Mais voici des imputations plus horribles

encore. Déjà, en parlant *du redoutable cuisinier* que l'on avait envoyé de Cayenne aux déportés, Ramel s'est permis les plus atroces insinuations contre moi. Il ne s'en tient pas là.

J'aurais, selon Ramel, j'aurais envoyé aux déportés un empoisonneur ! Tronçon, déjà enflé, m'aurait écrit, pour me prier de le laisser venir à Cayenne ; et j'aurais répondu par écrit au commandant Aimé : « Je ne sais » pourquoi ces messieurs ne cessent de m'im» portuner. Ils doivent savoir qu'ils n'ont pas » été envoyés à Sinnamary pour y vivre éter» nellement ! ! . . . . » Et l'on veut que je réponde à cela !

Vos assertions, Ramel, sont bien affreuses ; mais c'est par cela même, qu'au jugement de quiconque me connaît, ce n'est pas moi qu'elles accusent.

La seule chose vraie, dans toute l'histoire du nègre Louis, c'est que Tronçon, qui se faisait traiter chez lui, m'ayant demandé un domestique particulier, j'autorisai l'ordonnateur ou le commandant, à lui en procurer un. Si Tronçon eût vécu, il est probable qu'il ne me ferait pas un crime de ma complaisance.

Le commandant de Sinnamary, Fraytage, ne fut rappelé, par le commandant en chef, pour aucun des motifs qu'allègue Ramel. Il le fut parce que le lieutenant Aimé, qu'il remplaçait momentanément, était rétabli.

J'ai déjà dit pourquoi je ne pouvais pas faire revenir à Cayenne les déportés. Ces raisons s'appliquaient à la nouvelle demande de Tronçon, comme à la première.

Quant à la phrase abominable, qu'on me taxe d'avoir écrite, je défie qui que ce soit au monde, d'en administrer la plus légère preuve. Un tel excès d'horreur, et en même tems de bêtise, n'est pas en moi.

Bien loin d'avoir accueilli, par cette réponse barbare, les réclamations et les plaintes de Tronçon, je lui envoyai l'un des meilleurs officiers de santé de Cayenne, le citoyen Carré, pour consulter, sur sa maladie, avec le chirurgien de Sinnamary.

On n'entendit jamais parler à Cayenne des symptômes effrayans que Ramel assure avoir accompagné la maladie de Lafond et de Tronçon. Mais c'est trop me disculper de faits odieux, auxquels mon accusateur ne croit pas lui-même.

Evasion des déportés Ramel, Pichegru, etc.

Quoiqu'il n'entre point, dans mon plan, de discuter les détails, que donne l'auteur du Mémoire sur l'évasion du déporté Ramel, j'observerai pourtant qu'elle fût, selon toute apparence, plus paisible, qu'il ne la présente.

Des fusils et des munitions enlevées, dans un corps-de-garde, par les déportés, qui en étaient pourvus, depuis long-temps. Un tambour faisant sentinelle; ce tambour désarmé et précipité dans la rivière; tout cela était de nature à laisser des traces et n'en a laissé aucunes.

On me fit, sur cette évasion, dans le tems, un rapport moins merveilleux et plus probable.

La lettre, que j'écrivis au gouverneur de Surinam, à la suite de cet événement, ne se terminait point comme le prétend Ramel.

En voici la fin : « S'il était possible, monsieur, que ces individus se fussent réfugiés sur les terres de votre gouvernement, je m'attends que, sans user d'aucune rigueur à leur égard, vous vous assureriez pourtant de leurs personnes et les tiendriez à la disposition du gouvernement français, et je réclame de vous, en tant que de besoin, ces dispositions ».

Le gouverneur me répondit en substance, qu'effectivement les fugitifs, s'étaient présentés au poste de Mote-Crecq et y avaient été reçus, mais sous des noms supposés; qu'un américain, provenant d'une de nos prises, leur avait servi de pilote; qu'à leur arrivée à Paramanbo, ils ne lui avaient pas été présentés, étant incommodés; qu'à la reception de ma lettre, ils les avait fait chercher, mais que n'ayant pu les découvrir, il avait donné des ordres pour prévenir leur sortie de la rivière.

Je répliquai, par quelques observations « sur » le peu d'attention qu'on avait mis, au poste » de Mote-Crecq, à examiner les passe-ports » des déportés (qu'il eût été si facile de reconnaître pour faux), et en me référant, en cas » que ces individus fussent arrêtés, à la teneur » de ma première réquisition ». Le gouverneur de Surinam ne m'avait envoyé aucun des prétendus passe-ports des déportés.

Des huit noms, à la faveur desquels Ramel affirme que ces passe-ports m'ont été surpris, un seul existe réellement dans la colonie; et comme je ne signais point de passe-ports en blanc, l'énonciation des sept autres noms eût suffi, dans un pays où tout le monde se connaît, pour faire découvrir la fraude (1).

---

(1) Ramel assure que, mécontent des refus du

De mes rapports avec Peter Tilly.

La relation, que l'auteur du Mémoire dit avoir entendue de la bouche de Peter Tilly, au moment où il le retrouva à Londres, est fort intéressante ; mais est-elle bien vraie ?

Ai-je jamais pris le thé avec Tilly ? Lui ai-je jamais fait aucune ouverture ? L'ai-jefait saisir par ma garde ? (Je n'avais pas de garde à Cayenne).

Si la découverte de ses papiers cachés n'était due à aucune ruse indigne de ma place et de mon caractère ;

Si Peter Tilly, voyant sa goëlette condamnée, et ne s'attendant pas à des recherches ultérieures, était venu lui-même, non pas le 6 juin ou 18 prairial, mais huit ou dix jours

---

gouverneur de Surinam, à l'occasion de quelques demandes indiscrètes d'argent et de vivres, je me permis de dire *que je révolutionnerais Surinam.*

Ce propos n'est jamais sorti de ma bouche. Je n'ai fait, au gouverneur batave, aucune demande qu'on puisse taxer d'indiscrétion. En fait d'argent, etc., les deux colonies ont été tour-à-tour en avance l'une avec l'autre, et, à mon départ, nos voisins nous devaient 12000 piastres, qui sont arrivées à Cayenne peu de jours après que je l'eus quitté.

après, me prier de lui faire remettre des papiers contenus dans un tel baril de farine, et qui n'intéressaient, disait-il que lui seul;

Si, au lieu de me désaisir de ces papiers, quand on me les rapporta, sur l'embarcadaire de Cayenne, le 2 messidor, en présence du commandant en chef, du secrétaire de l'agence et de Tilly lui-même, qui voulait les ravoir sur-le-champ, je m'étais réservé de les examiner;

Si j'avais effectivement trouvé, sous l'enveloppe qui les couvrait;

1°. Un passe-port du ministre de Portugal près les Etats-Unis d'Amérique, en date du 23 mars 1798, duquel il résulte, que la goëlette de Tilly était destinée ultérieurement pour le Para;

2°. Une lettre particulière du même ministre à l'un des déportés;

3°. Une dépêche de ce ministre au capitaine général du Para et de Rio Négro, par laquelle son excellence était prévenue, qu'en exécution des ordres de la reine de Portugal, Peter Tilly a été chargé de se procurer à Cayenne et de lui porter des plants de giroffle, cannelle, etc.

5°. Trois lettres particulières écrites du Para

par un émigré de Cayenne, à deux de ses parens et à un ami, pour obtenir d'eux, par l'intermédiaire du porteur, des plantes d'épiceries, et aussi, des renseignemens sur la situation intérieure et extérieure de la colonie, ses moyens de défense, etc.

Si je ne m'étais assuré, de Peter Tilly, que le lendemain de cette découverte, dont il ne pouvait accuser que lui-même ;

Si, après l'avoir tenu au fort, non pas deux mois entiers, mais seulement neuf jours, dans la prison des officiers, et non dans un cachot, je m'étais contenté de l'envoyer à bord de la Décade, partant pour France, en ordonnant simplement au capitaine de cette frégate « de » remettre Tilly, au commandant des armes » du port de débarquement, pour être tenu » à la disposition du ministre de la marine et » des colonies » à qui je rendrais compte de cette affaire ;

Si tout cela était (et tout cela est) (1), il me

(1) Les faits et les pièces, ci-dessus relatés, ont été transmis au ministre de la marine et des colonies, par ma dépêche du 4 messidor, an 6. Les pièces originales existent dans les archives de l'agence. — Le

semble, que Peter Tilly ne serait que très peu fondé, à se plaindre de moi.

Que devient la relation ?

De mes rapports avec Collot et Billaud.

L'ami de Danton ne pouvait être ni celui de Collot ni celui de Billaud :

Mais si l'homme public n'est pas toujours impartial au fond de son cœur, il doit du moins se montrer toujours tel ; et ce principe a constamment dirigé ma conduite avec Collot et Billaud.

Lors de mon retour dans la Guyane, ils étaient tous les deux dans l'île. Collot était au chef-lieu, et Billaud sur une habitation séquestrée, à deux lieues de la ville.

Je leur notifiai l'arrêté du directoire exécutif du 4 brumaire de l'an 4 « qui enjoint à tous » agens du gouvernement de les laisser jouir » de leur pleine liberté dans la Guyane ».

Ne pouvant demeurer plus long-tems dans l'île, le lieu du *continent* qu'ils choisirent pour

---

passe-port délivré par le ministre de Portugal fut envoyé dans le tems au tribunal de commerce, et détermina un jugement additionnel, concernant la goëlette de Peter Tilly.

y résider, fut la partie sous le vent qui passe pour la plus saine.

Quelques tems après, on transporta à l'hôpital militaire de Cayenne, sans mon ordre, Collot-d'Herbois, qui était tombé malade; et quand il y fut, je ne dus pas m'opposer à ce qu'on l'y traitât. Ces soins furent inutiles : il mourut.

Billaud qu'on avait aussi transporté à l'hôpital, se rétablit et retourna sous le vent. Il s'y est tenu jusqu'au dernier tems de mon séjour dans la colonie, et a fini par quitter Sinnamary, mécontent du voisinage des nouveaux déportés. Il est actuellement plus rapproché du chef-lieu.

Ramel assure, qu'effrayé de nouvelles venues, par la goëlette l'Agile, et croyant voir renaître le régime de 1793, je fis proposer à Billaud d'user de sa liberté; que celui-ci me refusa en me répondant : que j'aurais beau faire, qu'il n'oublierait jamais ma conduite à son égard, etc.

Je ne sais ce que Ramel veut dire : Billaud n'était point privé de sa liberté, et il ne s'est rien passé entre lui et moi de semblable à ce qu'avance l'auteur du mémoire.

Il y a plus. L'Agile était arrivée en germinal,

et le 10 prairial je me crus obligé de prendre un arrêté qui n'était point favorable à Billaud.

Jusques-là, il avait joui de 1,500 fr., par an, indépendamment du logement et de la ration. Ce traitement, qui lui avait été accordé, avant mon retour, n'était étayé d'aucun ordre du gouvernement. Tant qu'il n'y eût pas dans la colonie d'autres déportés, je lui laissai sa pension;

Mais, lorsqu'informé que les nouveaux déportés avaient reçu, en moins de sept mois, la valeur de plus de 600 fr. chacun, outre la ration et le logement, je suspendis toute distribution d'effets en leur faveur, jusqu'au 22 brumaire de l'an 7. Je ne dus pas laisser à Billaud de 1,500 fr. dont il avait joui jusques-là, et je l'assimilai aux autres déportés.

En général, sur toute imputation qui pourrait m'être faite, concernant mes relations avec Billaud-Varennes, je crois pouvoir m'en rapporter au jugement de Billaud lui-même.

Ramel parle de demandes que me firent, dit-il, en faveur de Billaud, *les terroristes* de Cayenne. Il affirme que *je réprimai les terroristes.*

Les demandes, dont il parle, ne m'ont point été faites, et je n'ai point connu, à Cayenne, ce que l'on appelle des *terroristes*. J'y ai vu de bons patriotes, qui, par cela même, ne faisaient point trembler leurs concitoyens, et qui ne voulaient être craints que des ennemis de leur pays. Je me suis bien gardé de les réprimer.

Mes concussions, mes pirateries, ma fortune.

Si l'on en croit Ramel, les soins que je prenais, à Cayenne, pour faire respecter les propriétés, n'étaient point désintéressés.

Je levais arbitrairement des impositions et ne rendais aucun compte.

Je saisissais tous les bâtimens, quels qu'ils fussent, amis ou ennemis. Je confisquais en corsaire; je partageais en voleur.

Je m'étais approprié la jouissance des biens nationaux. La Gabrielle seule me donnait 3,000,000 fr. par an.

J'avais un trésor.

Rien de tout cela. Dans aucune de mes missions à Cayenne, je n'ai mis ni levé pour un centime d'impositions; mais j'ai quelquefois ouvert des crédits à l'administration départementale sur la caisse de la marine, pour subvenir aux dépenses locales, dont le montant n'était pas couvert par les contributions.

Je n'ai jamais saisi un seul bâtiment. Le soin d'appliquer les lois, concernant la navigation, en tems de guerre, ne regardait que le tribunal de Commerce ; et tous les jugemens de cette nature étaient de suite adressés par moi au gouvernement.

Il n'a été condamné à Cayenne, ni Suédois, ni Hambourgeois, ni Hollandais. Vous parlez d'un Ragusien qui l'a été : cela est vrai.

Ce bâtiment allant à la *Vera-Crux*, dites-vous? — Non ; sa destination était pour Saint-Thomas, Saint-Croix et Saint-Barthèlemy. — Il sortait d'un port d'Espagne. — Non ; il sortait de Livourne. — Il attera à Cayenne, ne sachant où il était, etc. — Non ; il fut rencontré au vent des Iles par la corvette la Chevrette, et arrêté comme tentant de se rendre à la Martinique, destination contraire à celle exprimée dans ses passe-ports. Je laisse vos autres assertions, qui ne sont pas plus justes que les premières, et je continue le narré des faits :

Un premier jugement, en date du 12 frimaire an 6, ordonna la confiscation des armes trouvées à bord, et le bâtiment fut relâché.

Dans l'intervalle, le capitaine de la Chevrette, qui était en mer lors du premier jugement, survint, et, se fondant sur l'article 21 du réglement de 1744, concernant la contravention aux passe-ports délivrés par les puissances neutres, il réclama, au nom de son équipage et obtint la condamnation du navire et de toute la cargaison. Ce second jugement, que j'ai sous les yeux, est du 12 nivôse de l'an 6.

En fait de corsaires, dont vous dites que j'ai excité la cupidité, je ne crois pas que dans mes deux missions, il en soit sorti de Cayenne six en tout; et je n'ai provoqué la course, que par la publication des lois et arrêtés y relatifs.

A l'égard des biens nationaux, la gestion exclusive en appartient à une administration *ad hoc*, dont les comptes annuels sont appurés par le département, revisés par l'ordonnateur et rendus publics par la voie de l'affiche et par le dépôt des pièces. Les produits de ces biens, sont versés dans la caisse *marine et guerre* pour les besoins du service.

Quant à mes comptes, je n'en devais pas de matériels. Ceux que j'avais à rendre ont été exactement rendus, et le gouvernement les a approuvés.

A ce que dit Ramel de ma fortune, de mes placemens dans l'Amérique du nord, je réponds : le peu que je possède n'équivaut pas à ce que j'ai reçu en patrimoine.

Et si quelqu'un découvre que j'aie, soit aux

Etats-Unis, soit chez d'autres puissances, sous mon nom ou sous un nom emprunté, quelques capitaux, je les lui donne.

Enfin, je n'eus pas plus les mœurs d'un proconsul et d'un satrape, que je n'en ai la fortune, et dans les situations de ma vie, qui m'ont valu de la part de Ramel ces qualifications, j'ai toujours pu dire, avec vérité :

« Je suis *Jeannet*, comme devant ».

Mes fusillades.

Il semblerait, en lisant Ramel, que *la mort* est le seul mot que j'aurais à la bouche.

Peine de mort contre ceux qui débarqueraient de la corvette la Vaillante, *peine de mort* contre les soldats qui parleraient à un déporté ; si quelqu'un cherche à apitoyer les noirs ou les militaires sur le sort des déportés, *qu'il soit fusillé* ; un étranger, Peter Tilly, vient-il à paraître dans la colonie, *qu'il soit fusillé.*

Est-il nécessaire de répéter que je n'ai jamais fait une seule de ces menaces ?

Dans ma première mission, un caporal du 53e. régiment fut condamné à mort par un tribunal militaire.

Il avait frappé un de ses supérieurs, étant ivre. C'est d'ailleurs un très-bon militaire.

Il allait être exécuté ; je pris sur moi de lui faire grâce. Je le renvoyai en France ; et j'écrivis au ministre, qu'investi, par la convention nationale, de tous les pouvoirs ; je n'avais pas cru devoir laisser échapper l'occasion d'en faire l'usage, qui était le plus selon mon cœur. Voilà mes fusillades.

Je crois avoir relevé tous les faux (1) qui

---

(1) D'un fait qui n'a pas été relevé.

« C'était, dit Ramel, vers la fin du mois d'avril,
» vers l'époque des élections, que nous vîmes quinze
» cents neigres rassemblés avec trente ou quarante
» blancs, après avoir reçu une ration de rhum,
» voter, par ordre du directoire, la nomination de
» Monge.... à la place du représentant du peuple
» de Cayenne «.

Où Ramel a-t-il vu cette assemblée de cent quarante nègres et de trente à quarante blancs ? Est-ce à Sinnamary ? la population totale de ce canton n'excède pas six cents personnes. Est-ce de l'assemblée électorale réunie, à Cayenne qu'il entend parler ? Elle n'était que de 18 votans.

Ajouterai-je, qu'il n'a été distribué de rations de rhum, ni aux noirs électeurs, ni à ceux des assemblées primaires, et que le directoire exécutif n'a jamais ordonné qu'on élût à la législature, le citoyen Monge, ancien ministre de la marine et des colonies, connu et estimé depuis long-tems, sous ce rapport, par les citoyens de Cayenne ?

se trouvent dans la partie du Mémoire de Ramel, où il est question de moi.

Je crois encore en avoir assez dit, pour me disculper aux yeux de tout homme de bonne foi, d'imputations odieuses, que je n'ai méritées ni comme fonctionnaire public, ni comme particulier.

Si la méchanceté, sous le manteau du malheur, répandait contre moi de *nouveaux romans diffamatoires*, à l'occasion de la déportation qui a eu lieu à la Guyane, après le 19 fructidor, j'ai la conscience d'avoir suffisamment établi mon véritable caractère, pour que mes concitoyens fissent eux-mêmes justice de ces nouveaux libelles, car je ne prétends pas y répondre; ce serait abuser beaucoup trop de la patience de mes lecteurs et de la mienne.

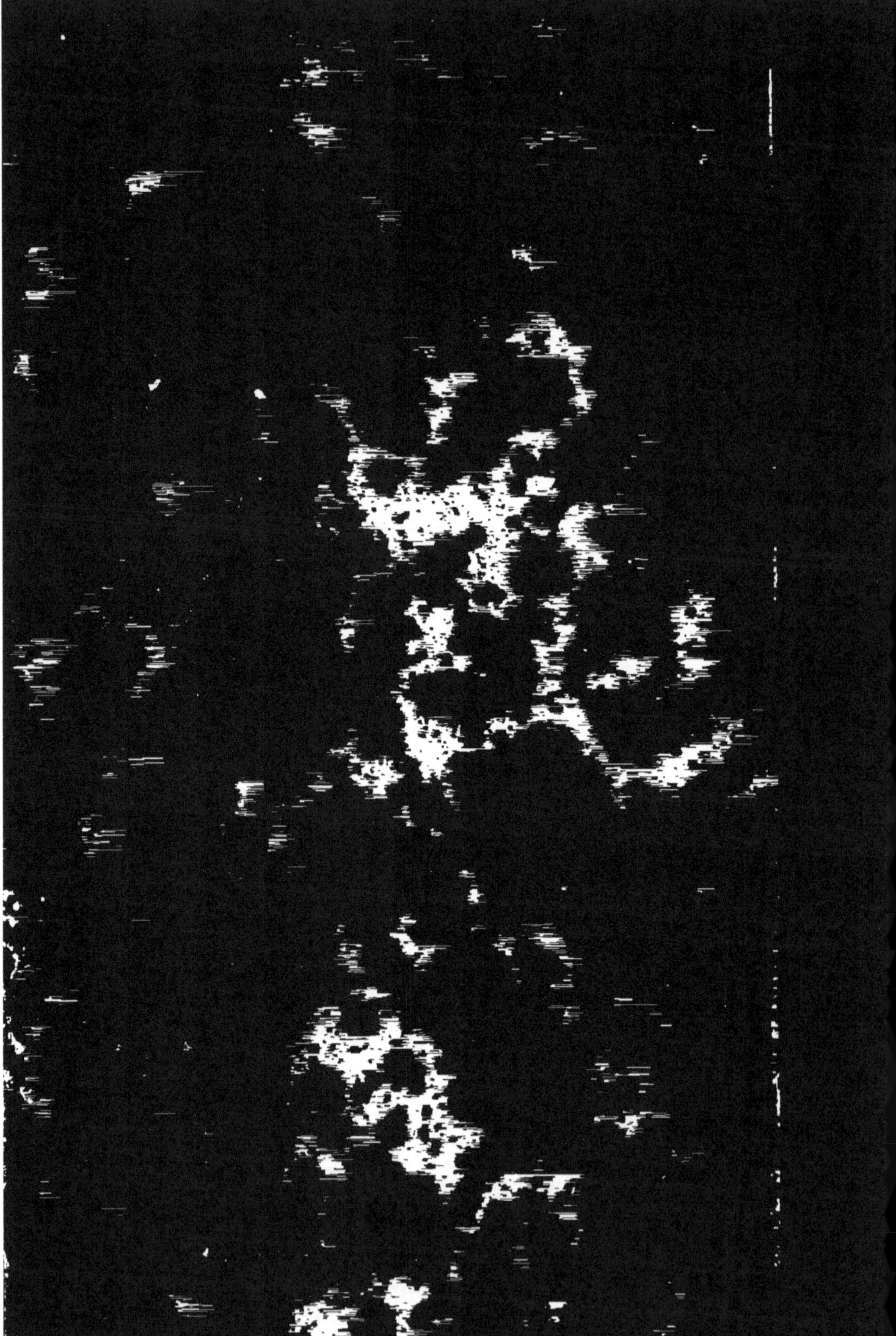

www.ingramcontent.com/pod-product-compliance
Lightning Source LLC
LaVergne TN
LVHW010102230826
846091LV00005B/2057

* 9 7 8 2 0 1 3 3 5 2 2 6 0 *